Unia Genosis

ROSEN-KRIEG - Zwanzigster Band

Unia Genosis

ROSEN-KRIEG - Zwanzigster Band

"war of the roses" / "guerre des roses"

Goldene Rakete Verlag für Belletristik

Imprint
Any brand names and product names mentioned in this book are subject to trademark, brand or patent protection and are trademarks or registered trademarks of their respective holders. The use of brand names, product names, common names, trade names, product descriptions etc. even without a particular marking in this work is in no way to be construed to mean that such names may be regarded as unrestricted in respect of trademark and brand protection legislation and could thus be used by anyone.

Cover image: www.ingimage.com

Publisher:
Goldene Rakete Verlag für Belletristik
is a trademark of
International Book Market Service Ltd., member of OmniScriptum Publishing Group
17 Meldrum Street, Beau Bassin 71504, Mauritius

Printed at: see last page
ISBN: 978-620-0-51894-1

Inhaltsverzeichnis:

I. Ausgleichsanspruch:

1. Schreiben der Kanzlei „Wohlsein“ an die Kindesmutter:[1]

Sehr geehrte Damen und Herren,

das anliegende Dokument überreichen wir

mit der Bitte um Öffnung und Kenntnisnahme.

Bitte geben Sie bei weiterem Schriftwechsel unser Aktenzeichen an.

Mit freundlichen Grüßen

i.A. Rechtsanwaltsgehilfin

Kanzlei Wohlsein

---

[1] 02.04.2020

2. Schreiben der Rechtsanwältin an die Kindesmutter:[2]

In Sachen: G. ./. A.

Sehr geehrte Kindesmutter,

anliegend übersenden wir Ihnen den Schriftsatz der Gegenseite vom 27.03.2020, hier am 01.04.2020 eingegangen.

Eine Frist zur Stellungnahme ist auf den **22.04.2020** gesetzt worden.

Mit freundlichen Grüßen

Rechtsanwältin

[2] 02.04.2020

3. Schreiben des Amtsgerichts an die Kanzlei „Wohlsein“:[3]

Aktenzeichen

In Sachen

G. ./. A.
wg. Unterhalt Kind

Sehr geehrte Damen und Herren Rechtsanwälte,

richterlicher Anordnung gemäß erhalten Sie die anliegenden Unterlagen zur Kenntnis- und Stellungnahme binnen 3 Wochen.

Mit freundlichen Grüßen
Auf Anordnung

Justizobersekretärin
Dieses Schreiben wurde elektronisch erstellt und ist ohne Unterschrift gültig.

[3] 01.04.2020

4. Schreiben der Kanzlei „Pfennig“ an das Amtsgericht:[4]

In Sachen

G. ./. A.

wg. Unterhalt Kind

nehme ich namens und im Auftrag des Antragsgegners zum Schriftsatz der Antragstellerin vom 12.03.2020 wie folgt Stellung:

Es bleibt bei dem bisherigen Sachvortrag des Antragstellers nebst Beweisanerbieten.

Die Rechtsauffassung der Antragstellerseite wird nicht geteilt.

Es geht bei einem familienrechtlichen Ausgleichsanspruch nicht darum, wie viel der Ausgleichspflichtige aufgrund eines gegen ihn gerichteten Unterhaltstitels hätte zahlen müssen, sondern wieviel der Ausgleichsberechtigte für das Kind über die ihm selbst obliegende Naturalunterhaltsverpflichtung aufgewandt hat, bzw. nach eigenen Einkommen überhaupt in der Lage war für das Kind aufzuwenden, begrenzt auf maximal den Betrag, den der Ausgleichspflichtige zu zahlen verpflichtet gewesen wäre.

Es wird mit Nichtwissen bestritten, dass die Antragstellerin Baraufwendungen in Höhe von 355,00 Euro monatlich für ihre älteste Tochter hatte, in der Zeit, in der diese bei ihr gewohnt hat.

---

[4] 27.03.2020

Die Einkommensverhältnisse der Antragstellerin für die Zeit in der sie einen familienrechtlichen Ausgleich begehrt, wurden nicht dargelegt, was für die Schlüssigkeit des Antrags jedoch erforderlich ist.

Auch das erhaltene Kindergeld ist dabei zu berücksichtigen und von einem etwaigen Ausgleichsanspruch anteilig in Abzug zu bringen.

Die Antragstellerin war in der Zeit, in der sie Unterhalt für ihre älteste Tochter zahlen musste, nachdem diese zum Kindesvater gezogen ist, nicht einmal in der Lage den Mindestunterhalt an den Antragsgegner zu zahlen. Es musste aufgrund der weiteren Unterhaltsverpflichtungen der Antragstellerin eine Mangelfallberechnung vorgenommen werden.

Beweis: Beiziehung der Akte der Unterhaltsvorschusskasse, NN.

Es wird mit Nichtwissen bestritten, dass die Antragstellerin die in der Anlage K3 „überschlägige Aufstellung“ aufgelisteten Zahlbeträge überhaupt, uns insbesondere in der streitgegenständlichen Zeit, für ihre älteste Tochter aufgewandt hat.

Exemplarisch ist darauf hinzuweisen, dass die älteste Tochter zwischenzeitlich volljährig ist und damit sicherlich auch nicht in 2016 noch Kindergartenbetreuungskosten verursacht hat, keine regelmäßigen Mahlzeiten im Kindergarten eingenommen hat und auch nicht mehr mit Puzzeln versorgt wurde.

Ungeachtet dessen war der Antragsgegner zumindest von 2002 bis 2007 Haupt- und Alleinverdiener und hat die Familie ernährt, so dass die aufgeführten Aufwendungen überwiegend von dem Geld gemacht wurden, welches der Antragsgegner jeden Monat verdient hat.

Es wird mit Nichtwissen bestritten, dass die Antragsgegnerin im streitgegenständlichen Zeitraum neben der Unterkunft und Verpflegung überhaupt Baraufwendungen für die älteste Tochter erbracht hat. Nur wenn sie solche erbracht hätte, hätte sie vorliegend einen Erstattungsanspruch gegen den Antragsgegner gehabt, der allerdings auch nach mehr als drei Jahren verwirkt wäre.

Die Antragstellerin ist darlegungs- und beweisbelastet hinsichtlich etwaiger Baraufwendungen für die älteste Tochter, welche sie mit der Absicht erbracht hat sich diese vom Antragsgegner erstatten zu lassen. Da sie selbst nach dem streitgegenständlichen Zeitraum nicht einmal den Mindestbetrag an Kindesunterhalt zahlen konnte, ist davon auszugehen, dass sie vorher auch nicht mehr Geld zur Verfügung hatte.

Die geltend gemachten Ansprüche resultieren aus 2016. Der familienrechtlichen Ausgleichsanspruch unterliegt wie ein Unterhaltsanspruch der Verjährung.

Die Antragstellerin hat mehr als drei Jahre den nunmehr streitgegenständlich familienrechtlichen Ausgleichsanspruch nicht geltend gemacht, obwohl sie dazu in der Lage gewesen wäre. Der Antragsgegner hat sich mit Rücksicht auf das gesamte Verhalten der Antragstellerin darauf einrichten dürfen und auch darauf eingerichtet, dass diese den Anspruch auch in Zukunft nicht geltend machen werde.

Auch im Schreiben vom 22.05.2018 geht es um einen vermeintlichen Unterhaltsrückstand für die älteste Tochter und nicht um den nunmehr verfolgten familienrechtlichen Ausgleichsanspruch.

Beweis: Schreiben vom 22.05.2018, liegt bereits als Anlage K2 vor.

Sollte das Gericht weiteren Sachvortrag und/oder weiteres Beweisanerbieten und/oder weiteres Bestreiten für entscheidungserheblich erachten, so bitte ich diesbezüglich um einen entsprechenden richterlichen Hinweis.

Mit freundlichen Grüßen

Rechtsanwältin

5. Schreiben der Kindesmutter an die Rechtsanwältin:[5]

Sehr geehrte Frau Rechtsanwältin,

vielen Dank für die Übersendung des Schriftsatzes der Gegenseite vom 27.03.2020. Ich habe das Schreiben zur Kenntnis genommen. Bitte lassen Sie mir den Entwurf Ihrer Stellungnahme zeitnah zukommen.

Mit freundlichen Grüßen

Kindesmutter

---

[5] 02.04.2020

6. Schreiben der Kindesmutter an die Rechtsanwältin:[6]

Sehr geehrte Frau Rechtsanwältin,

anbei sende ich Ihnen eine vorläufige Auflistung vereinzelter Baraufwendungen, welche ich beispielsweise im Kalenderjahr 2016 durch Bestellungen notwendiger Schulliteratur und weiterem Bedarf für meine älteste Tochter aufgewendet habe. Der Betrag beläuft sich auf 361,85 €, plus die 93,12 € aus dem Vorjahr ergibt 454,97 €.

Mit freundlichen Grüßen

Kindesmutter

[6] 02.04.2020

7. Schreiben der Kindesmutter an die Rechtsanwältin:[7]

Sehr geehrte Frau Rechtsanwältin,

um einmal ein konkretes Beispiel vorzulegen, wie es sich mit dem "Haupt- und Alleinverdienst" und der "Ernährung der Familie" verhalten hat, sende ich Ihnen im Anhang das Berechnungsblatt zur Festsetzung des Elternbeitrages gemäß § 17 Abs. 3 GTK vom 15.12.2009 zu. Mein Verdienst betrug nachweislich mehr als das Doppelte seines Verdienstes. Seine Behauptungen entbehren jeglicher Tatsache.

Mit freundlichen Grüßen

Kindesmutter

---

[7] 02.04.2020

8. Schreiben der Kindesmutter an die Rechtsanwältin:[8]

Sehr geehrte Frau Rechtsanwältin,

anbei noch ein paar Belege darüber, dass ich die Kindergartenbeträge stets ALLEINE VON MEINEM KONTO GEZAHLT HABE! Diese beliefen sich im Laufe der Jahre (2002-2007) auf eine Summe von knapp 10.000 EUR.

Mit freundlichen Grüßen

Kindesmutter

[8] 02.04.2020

9. Schreiben der Kindesmutter an die Rechtsanwältin:[9]

Sehr geehrte Frau Rechtsanwältin,

im Anhang befinden sich noch die restlichen Belege. Bitte teilen Sie mir mit, wenn Sie es für notwendig erachten weitere Belege o.ä. herauszusuchen.

Mit freundlichen Grüßen

Kindesmutter

[9] 02.04.2020

10. Schreiben der Kindesmutter an die Rechtsanwältin:[10]

Guten Morgen Frau Rechtsanwältin,

bitte klären Sie mich darüber auf, inwiefern die "Rechtsauffassung" der Gegenseite "korrekt" sein sollte.

An ständigen, sich über 15 Jahre lang wiederholenden monatlichen Kosten, gab es die private Krankenversicherung mit einem Monatsbeitrag von knapp 50 EUR.

Dies macht pro Jahr schon eine Zahlung von ca. 600 EUR und bei einer Laufzeit von über 15 Jahren (ich habe bis September 2016 die KV für meine älteste Tochter bezahlt) eine Gesamtsumme von ca. 9.000 EUR.

Mit freundlichen Grüßen

Kindesmutter

[10] 03.04.2020

11. Schreiben der Kindesmutter an die Rechtsanwältin:[11]

Guten Morgen Frau Rechtsanwältin,

anscheinend und bedauerlicherweise teilt meine älteste Tochter inzwischen selbiges bezeichnetes "*bestreitendes Nichtwissen*" ihres Vaters. Um diesem Abhilfe zu schaffen und ihr ein wenig auf die Sprünge zu helfen, anbei noch einige Auflistungen entstandener Barunterhalts-Kosten (**6.000 €**):

a) Musik- und Saxophonunterricht in der sog. Bläserklasse:
monatlicher Kostenbeitrag 12,50 EUR inkl. Leihgebühr für das Instrument; Dauer: 2 Jahre; entstehende Kosten: 12,50 € x 12 Monate x 2 Jahre = 300 €, plus anschließenden Kauf des Sopransaxophons für die Big Band: ca. 300 € = **600 €**

b) Ganztagesunterricht in der Grundschule (ab Klasse 3) und anschließend an der Gesamtschule (Klassen 5-9):
Mittagsverpflegungskosten monatlich durchschnittlich ca. 50 €; Kosten für insgesamt 7 Jahre (Klassen 3 - 9): 50 € x 12 Monate x 7 Jahre = **4.200 €**

c) Teilnahme an (mind.) drei Klassenfahrten an der Gesamtschule:
Klasse 5 (Rosbach), Klasse 7 (Hamburg), Klasse 9 (Berlin):
durchschnittliche Kosten für Rosbach: ca. 200 € (plus Taschengeld)

[11] 04.04.2020

durchschnittliche Kosten für Hamburg und Berlin: ca. 350 € (plus Taschengeld): insg. ca. **1.000 €**

d) verlauste Rückkehr aus Hamburg (oder aus dem väterlichen Umgangskontakt): und anschließend notwendige 6-fache Behandlung mit dem Kopflausbekämpfungsmittel "Nyda": Kosten (ohne Rezept und ohne Erstattung) 31,12 € x 6 = 186,72 €, anschließend Friseurbesuch mit Kurzhaarschnitt: mind. 20 € = ca. **200 €**

Mit freundlichen Grüßen

Kindesmutter

12. Schreiben der Kindesmutter an die Rechtsanwältin:[12]

Sehr geehrte Frau Rechtsanwältin,

damals hat meine Tochter bevorzugt die Körperhaltung ihres Vaters imitiert (siehe Fotos im Anhang). Mittlerweile hat sie sogar schon seine Geisteshaltung verinnerlicht.

Mit freundlichen Grüßen

Kindesmutter

P.S.:
(Zur nachträglichen Erklärung:) Es sind nur folgende Fotos gemeint:

a) mittleres Foto obere Reihe (mit dickem Bauch und bösem Blick);
b) linkes und rechtes Foto untere Reihe (mit dickem Bauch und bösen Blick). Die übrigen Fotos stellen meine älteste Tochter dar, ohne dass sie jemanden "mimt".

[12] 04.04.2020

13. Schreiben der Kindesmutter an die Rechtsanwältin:[13]

Sehr geehrte Frau Rechtsanwältin,

ich habe mir die Mühe gemacht, eine Auflistung einiger wieder entdeckter Eintrittskarten (Kino, Zirkus, Theater, Musical und Co.) für meine Tochter zu erstellen. Die Kostensumme beläuft sich bereits auf 1.227,80 EUR (mit Zusatzkosten auf 2.455,60 EUR). Jene Liste füge ich im Anhang bei.

Darüber hinaus hielt ich über die Jahre hinweg, insbesondere auf Wunsch meiner Tochter, insgesamt ca. 50 Kaninchen und 30 Meerschweinchen, 2 Kater, 1 Katze, 1 Hund, 2 Hühner, 2 Enten, 1 Igel, diverse Mäuse und anderes Getier und kam für deren „Unterhalt" und Verpflegung bzw. Kosten auf.

Mit freundlichen Grüßen

Kindesmutter

---

[13] 04.04.2020

14. Schreiben der Kindesmutter an die Rechtsanwältin:[14]

Sehr geehrte Frau Rechtsanwältin,

die gegnerische Stellungnahme besteht - abgesehen von diversen Fehlern - erneut aus einer aufgeblasenen Aneinanderreihung dreister Behauptungen, frechen Unterstellungen, unverschämten Beleidigungen und jeder Menge Schwachsinn.

Sicherlich finden Sie die richtigen Argumente, um diesen aufgeschäumten Unsinn zu entkräften. Bitte lassen Sie mir Ihre Stellungnahme zur Durchsicht zukommen.

Mit freundlichen Grüßen

Kindesmutter

[14] 04.04.2020

15. Schreiben der Rechtsanwältin an die Kindesmutter:[15]

In Sachen: G. ./. A.

Sehr geehrte Kindesmutter,

in vorbezeichneter Angelegenheit übersende ich Ihnen in der Anlage den Entwurf eines Schriftsatzes mit der Bitte um Durchsicht und Mitteilung von Änderungs- und / oder Ergänzungswünschen.

Sollten Sie für den streitgegenständlichen Zeitraum (Januar bis August 2016) Belege oder genauere Angaben für Barausgaben hinsichtlich ihrer Tochter haben, bitte ich um Zurverfügungstellung. Vielen Dank.

Mit freundlichen Grüßen

Rechtsanwältin

[15] 14.04.2020

16. Entwurf eines Schreibens der Kanzlei „Wohlsein“ an das Amtsgericht:[16]

In Sachen

G.
- Kanzlei „Wohlsein“ -

./.

A.

geht der Sachvertrag des Antragsgegners vom 27.03.2020 am Kern der Angelegenheit vorbei:

Für den streitgegenständlichen Zeitraum war der Antragsgegner barunterhaltspflichtig in titulierter Höhe. Er befand sich diesbezüglich im Verzug. Die Antragstellerin musste daher den Elementarunterhalt vorfinanzieren. Da die älteste Tochter aus der Obhut der Antragsgegnerin in diejenige des Antragsgegners wechselte, konnte der gebotene Ausgleich nicht über den Kindesunterhalt bewirkt werden. Vor diesem Hintergrund muss die Ausstellerin auf den familienrechtlichen Ausgleichsanspruch zurückgreifen. Dies ergibt sich aus der durch die gefestigte Rechtsprechung des BGH gebilligten Notwendigkeit, die Unterhaltslast im Verhältnis zwischen den beteiligten Elternteilen entsprechend ihrem Leistungsvermögen gerecht zu verteilen. Das

[16] 14.04.2020

pauschale Bestreiten des Bedarfes in Höhe des Mindestunterhalts ist ebenso wenig zulässig wie die nunmehr vorgebrachte Behauptung des Antragsgegners, selbst nicht leistungsfähig gewesen zu sein (vgl. OLG Brandenburg Beschluss vom 12.05.2016 10 WF 57/16). Von welchen Barmitteln soll die Tochter unterhalten worden sein, wenn nicht von Leistungen der Mutter? Allein für die monatlich von der Antragstellerin für ihre älteste Tochter bis September 2016 gezahlten private Krankenversicherung fielen monatlich 50 € an. Hinzu kamen Ausgaben für Kleidung, Essen und Schulmaterialien, die im Einzelnen belegt werden können.

Mithin kann die Antragstellerin die geleisteten Beträge vom Antragsgegner im Wege des familienrechtlichen Ausgleichsanspruchs beanspruchen. Die Antragstellerin hat von ihrem Einkommen unfreiwillig höhere Leistungen für den Familienunterhalt geleistet, als ihrer anteilsmäßigen Haftung entspricht. Ihr eigener Anteil war nämlich wegen § 1606 Absatz 3 Satz 2 BGB bereits durch die Betreuung erfüllt. Der Antragsgegner hat seine Unterhaltspflicht in keinster Weise erfüllt. Die Frage, ob er für den Familienunterhalt überhaupt irgendwann einmal und in welcher Form beigetragen hat, steht überhaupt nicht zur Debatte. Seit Titulierung der Unterhaltsansprüche in 2011 war dies jedenfalls nicht der Fall.

Es muss nachdrücklich bestritten werden, dass der Antragsgegner, wie nun behauptet, jemals Alleinverdiener war. Die vorgeblich nicht vorhandenen Verdienstmöglichkeiten wurden vom Antragsgegner gerichtsbekanntermaßen vorgetragen, um sich der Unterhaltspflicht für die beiden gemeinsamen Kinder der Beteiligten zu entziehen.

Die Rechtsanwälte
der Kanzlei „Wohlsein“
durch:

(Rechtsanwältin)

17. Schreiben der Kindesmutter an die Rechtsanwältin:[17]

Sehr geehrte Frau Rechtsanwältin,

nach Durchsicht habe ich zunächst nur die beiden folgenden Korrekturvorschläge:

a) Blatt 1 (2. Abschnitt, 4. Zeile): „aus der Obhut der *Antragstellerin*" [statt „der Antragsgegnerin"],
b) Blatt 2 (1. Abschnitt, drittletzte Zeile): „*gezahlte* private Krankenversicherung" [statt „gezahlten"]

Im Anhang finden Sie die erbetenen genaueren Angaben für Barausgaben hinsichtlich meiner ältesten Tochter für den streitgegenständlichen Zeitraum (Januar bis August 2016) zu Ihrer Zurverfügungstellung.

Mit freundlichen Grüßen

Kindesmutter

[17] 14.04.2020

18. Schreiben der Kindesmutter an die Rechtsanwältin:[18]

Sehr geehrte Frau Rechtsanwältin,

anbei noch ein Nachtrag zur Klassenfahrt meiner Tochter vom 18.04.2016 bis zum 22.04.2016 nach Berlin:

- Freitag, 15.04.2016: vom Klassenlehrer angeratene 7 € Verpflegungspauschale täglich: 7 € x 5 = 35 € Bargeld für meine Tochter
- Samstag, 16.04.2016: 50 € Taschengeld für meine Tochter
- Sonntag, 17.04.2016: weitere 50 € Taschengeld an meine Tochter für den Aufenthalt in der Landeshauptstadt Berlin
- Montag, 18.04.2016: um 5:30 Uhr Treffpunkt an der Schule und 6 Uhr Abfahrt mit dem Bus nach Berlin, 16:40 Uhr: meine Tochter ruft mich aus Berlin an, um mir von ihrer Ankunft und ihrer Zimmernachbarschaft mitzuteilen
- Mittwoch, 20.04.2016, 18 Uhr: Musical Blue Man Group: 36 € Eintritt (vorab überwiesen am 02.02.2016 an den Klassenlehrer bzw. auf das eingerichtete sogenannte Klassenkonto der Schulklasse meiner Tochter)
- Freitag, 22.04.2016: 10 Uhr geplante Abreise aus Berlin, ca. 16:30 Uhr Rückkehr meiner Tochter mit dem Bus an der Schule, zuvor bezahlt: 250,00 EUR an den Klassenlehrer auf das Klassenkonto ihrer Schulklasse (überwiesen am 22.09.2015)

---

[18] 15.04.2020

- Somit Barausgaben für meine Tochter allein für die Klassenfahrt nach Berlin: 35 EUR + 50 EUR + 50 EUR + 36 EUR + 250 EUR = **421 EUR**

Mit freundlichen Grüßen

Kindesmutter

19. Schreiben der Kindesmutter an die Rechtsanwältin:[19]

Sehr geehrte Frau Rechtsanwältin,

noch ein Kommentar von mir als besorgter Mutter einer (wenn inzwischen auch volljährigen) Tochter.

Als mich meine Tochter im vergangenen Jahr noch regelmäßig zum Mittagessen usw. besuchen kam, berichtete sie mir ausführlich von ihrem sog. "Intervallfasten", welches darin bestand, 16 Stunden täglich NICHTS zu essen, um die Nahrungsaufnahme auf die übrigen 8 Stunden am Tag zu beschränken. Damit erklärte sie mir ihre NICHT-Aufnahme eines Frühstücks am Morgen vor Schulbeginn im Haus ihres Vaters, die Mitnahme KEINES Pausenbrotes, das AUSBLEIBEN eines Mittagessens im Laufe des Schultages und weiterer Mahlzeiten nach dem Schulunterricht. Ein Essen am Abend musste aus Fastengründen auf ein Minimum reduziert werden.

Am Ostersonntag habe ich sie anlässlich der Überbringung eines Ostergrußes noch einmal zu Gesicht bekommen. Ich war erschreckt, wirkte sie mit ihrem kahlrasierten Schädel aus ihrem Zimmerfenster heraus doch wie eine Gefängnisinsassin. Mir kamen die Tränen. Mein Bekannter, der sie ebenfalls zu Gesicht bekommen hat, beschrieb seinen Eindruck wie folgt: seiner Meinung nach sah sie besorgniserregend "falsch und untererernährt" bzw. richtiggehend "krank" und "schlecht" aus. Es ist nicht auszuschließen, dass sich ihre letzten

[19] 15.04.2020

regelmäßigen täglich warmen Mahlzeiten bzw. eine ausgewogene Ernährung vor ihrem Obhutswechsel im Jahr 2016 ereignet haben.

Mit freundlichen Grüßen

Kindesmutter

20. Schreiben der Rechtsanwältin an die Kindesmutter:[20]

In Sachen: G. ./. A.

Sehr geehrte Kindesmutter,

In der Angelegenheit übersende ich Ihnen eine Worddatei mit einer eidesstattlichen Versicherung. Ich bitte Sie, die Posten genauer zu spezifizieren.

Ich gehe davon aus, dass die Krankenversicherung die gesamte Familie betrifft und nur ein Teil auf die älteste Tochter entfällt, gleiches gilt für Strom- und Telefongebühren sowie die Gasrechnung. Die Schornsteinfegerkosten dürften nicht anzusetzen sein. Auch Gerichtskosten und Rechtsanwaltsgebühren gelten nicht als Barauslagen für das Kind.

Insofern bitte ich Sie um Durchsicht und Ergänzung sowie Zusendung der unterschriebenen eidesstattlichen Versicherung per Post, gerne auch vorab per E-Mail. Die Schriftsatzfrist endet am 20. April.

Mit freundlichen Grüßen

Rechtsanwältin

[20] 17.04.2020

21. Schreiben der Rechtsanwältin an die Kindesmutter:[21]

In Sachen: G. ./. A.

Sehr geehrte Kindesmutter,

Bitte fügen Sie auch die Kosten für die Klassenfahrt Ihrer ältesten Tochter in die eidesstattliche Erklärung ein. Vielen Dank.

Mit freundlichen Grüßen

Rechtsanwältin

[21] 17.04.2020

22. Schreiben der Kindesmutter an die Rechtsanwältin:[22]

Sehr geehrte Frau Rechtsanwältin,

im Anhang finden Sie die erbetene eidesstattliche Versicherung.

Bitte lassen Sie mir den fertig gestellten Schriftsatz noch einmal zukommen.

Mit freundlichen Grüßen

Kindesmutter

[22] 17.04.2020

23. Schreiben der Rechtsanwältin an die Kindesmutter:[23]

In Sachen: G. ./. A.

Sehr geehrte Kindesmutter,

wie bereits mitgeteilt, gelten die Ausgaben für Gerichtsverfahren hinsichtlich Zugewinnausgleich oder Unterhalt nicht als Barausgaben für das Kind. Bei den Einkäufen über Amazon sollte dargelegt werden, welche Anschaffung für das Kind erfolgte. Auch die Ausgaben für Medikamente und Kinder Arztrechnungen sollten genauer spezifiziert werden. Ich habe Ihnen meine diesbezügliche E-Mail nochmals zugesandt.

Mit freundlichen Grüßen

Rechtsanwältin

[23] 17.04.2020

24. Schreiben der Kindesmutter an die Rechtsanwältin:[24]

Sehr geehrte Frau Rechtsanwältin,

ich habe es jetzt so aufgelistet, wie ich es auch jederzeit per Kontoauszug belegen kann.

Für die Kürzungen der aufgelisteten Barausgaben wird sich schon die Gegenseite zuständig erklären.

Mit freundlichen Grüßen

Kindesmutter

[24] 17.04.2020

25. Schreiben der Rechtsanwältin an die Kindesmutter:[25]

In Sachen: G. ./. A.

Sehr geehrte Kindesmutter,

in der Anlage übersende ich Ihnen eine weitere eidesstattliche Versicherung hinsichtlich der Kosten, die für die Klassenfahrt nach Berlin entstanden sind. Sie hatten hierin auch Kosten aufgelistet, die in 2015 angefallen sind. Diese können grundsätzlich nicht für diesen Antrag, der sich auf das Jahr 2016 bezieht, in Ansatz gebracht werden. Da Sie jedoch den Wunsch äußerten, dass Kürzungen von der Gegenseite vorgenommen werden mögen, habe ich diese Positionen aufgenommen.

Falls Sie alle Ausgaben in einer Auflistung vorzunehmen wünschen, bitte ich um Zusendung einer einheitlichen eidesstattliche Versicherung. Andernfalls bitte ich Sie, auch die in der Anlage beigefügte Erklärung unterschrieben nach hier zurück zu reichen. Die Schriftsatzfrist endet, wie bekannt am 22.04.2020.

Mit freundlichen Grüßen

Rechtsanwältin

[25] 20.04.2020

26. Schreiben der Kindesmutter an die Rechtsanwältin:[26]

Sehr geehrte Frau Rechtsanwältin,

anbei - wie gewünscht - die unterschriebene Erklärung.

Mit freundlichen Grüßen

Kindesmutter

[26] 20.04.2020

27. Schreiben der Kanzlei „Wohlsein“ an die Kindesmutter:[27]

Sehr geehrte Damen und Herren,

das anliegende Dokument übersenden wir

mit der Bitte um Öffnung und Kenntnisnahme.

Mit freundlichen Grüßen

- Sekretariat -

Kanzlei Wohlsein

[27] 21.04.2020

28. Schreiben der Rechtsanwältin an die Kindesmutter:[28]

In Sachen: G. ./. A.

Sehr geehrte Kindesmutter,

in obiger Angelegenheit erhalten Sie unseren heutigen Schriftsatz zur Kenntnisname.

Mit freundlichen Grüßen

Rechtsanwältin

[28] 21.04.2020

29. Schreiben der Kanzlei „Wohlsein" an das Amtsgericht:[29]

In Sachen

G.

- Kanzlei „Wohlsein" -

./.

A.

- Aktenzeichen -

geht der Sachvertrag des Antragsgegners vom 27.03.2020 am Kern der Angelegenheit vorbei:

Für den streitgegenständlichen Zeitraum war der Antragsgegner barunterhaltspflichtig in titulierter Höhe. Er befand sich diesbezüglich im Verzug. Die Antragstellerin musste daher den Elementarunterhalt vorfinanzieren. Da die älteste Tochter aus der Obhut der Antragstellerin in diejenige des Antragsgegners wechselte, konnte der gebotene Ausgleich nicht über den Kindesunterhalt bewirkt werden. Vor diesem Hintergrund muss die Ausstellerin auf den familienrechtlichen Ausgleichsanspruch zurückgreifen.

[29] 21.04.2020

Dies ergibt sich aus der durch die gefestigte Rechtsprechung des BGH gebilligten Notwendigkeit, die Unterhaltslast im Verhältnis zwischen den beteiligten Elternteilen entsprechend ihrem Leistungsvermögen gerecht zu verteilen. Das pauschale Bestreiten des Bedarfes in Höhe des Mindestunterhalts ist ebenso wenig zulässig wie die nunmehr vorgebrachte Behauptung des Antragsgegners, selbst nicht leistungsfähig gewesen zu sein (vgl. OLG Brandenburg Beschluss vom 12.05.2016 10 WF 57/16). Von welchen Barmitteln soll die Tochter unterhalten worden sein, wenn nicht von Leistungen der Mutter? Allein für die monatlich von der Antragstellerin für ihre älteste Tochter bis September 2016 zu zahlende private Krankenversicherung fielen monatlich 50 € an. Hinzu kamen Ausgaben für Kleidung, Essen und Schulmaterialien sowie eine Zusammenstellung der für eine Klassenfahrt nach Berlin im April 2016 angefallenen Kosten.

Glaubhaftmachung: Eidesstattliche Versicherungen Anlage K4 + K5

Mithin kann die Antragstellerin die geleisteten Beträge vom Antragsgegner im Wege des familienrechtlichen Ausgleichsanspruchs beanspruchen. Die Antragstellerin hat von ihrem Einkommen unfreiwillig höhere Leistungen für den Familienunterhalt geleistet, als ihrer anteilsmäßigen Haftung entspricht. Ihr eigener Anteil war nämlich wegen § 1606 Absatz 3 Satz 2 BGB bereits durch die Betreuung erfüllt. Der Antragsgegner hat seine Unterhaltspflicht in keinster Weise erfüllt. Die Frage, ob er für den Familienunterhalt überhaupt irgendwann einmal und in welcher Form beigetragen hat, steht überhaupt nicht zur Debatte. Seit Titulierung der Unterhaltsansprüche in 2011 war dies jedenfalls nicht der Fall.

Es muss nachdrücklich bestritten werden, dass der Antragsgegner, wie nun behauptet, jemals Alleinverdiener war. Gerichtsbekanntermaßen hat der Antragsgegner vorgeblich nicht vorhandene Verdienstmöglichkeiten in mehreren Verfahren vorgetragen, um sich der Unterhaltspflicht für die beiden gemeinsamen Kinder der Beteiligten zu entziehen.

Die Rechtsanwälte
der Kanzlei „Wohlsein"
durch:

(Rechtsanwältin)

II. Überprüfungsverfahren:

1. Schreiben der Kindesmutter an die Rechtsanwältin:[30]

- Aktenzeichen -

Sehr geehrte Frau Rechtsanwältin,

mit der Bitte um Zusendung der Rechnung

zum abgeschlossenen Überprüfungsverfahren

und freundlichen Grüßen

Kindesmutter

[30] 22.04.2020

Printed by Books on Demand GmbH, Norderstedt / Germany